Tere Remolina, Becky Rubinstein e Isabel Suárez

El Refranero Mexicano

SELECTOR

actualidad editorial

SELECTOR
actualidad editorial
Doctor Erazo 120 Colonia Doctores 06720 México, D.F.
Tel. 55 88 72 72 Fax. 57 61 57 16

EL REFRANERO MEXICANO
Autoras: María Teresa Remolina López, Becky Rubinstein
Wolojviañsky, María Luisa Isabel Suárez de la Prida
Colección: Cultural

Diseño de portada: Rosa Mónica Jácome Moreno
Ilustración de interiores: Alfredo Agustín Aguirre García

D.R. © Selector, S.A. de C.V., 2004
        Doctor Erazo, 120, Col. Doctores
        C.P. 06720, México, D.F.

ISBN: 970-643-760-6

Primera edición: junio de 2004

	Sistema de clasificación Melvil Dewey
398.2 R516 2004	Remolina López, María Teresa; 1929. Rubinstein Wolojviañsky, Becky; 1948. Suárez de la Prida, María Luisa Isabel; 1918 *El refranero mexicano* / María Teresa Remolina López, Becky Rubinstein Wolojviañsky, María Luisa Isabel Suárez de la Prida. — México, D.F.: Selector, S. A. de C.V., 2004. 112 p. ISBN: 970-643-760-6 1. Literatura 2. Tradiciones. 3. Refranes mexicanos

Contenido

Hasta que el pueblo las canta
Las coplas no son.
Cuando las canta el pueblo
Nadie sabe su autor.

M. Machado

El mejor consejo

Date tiempo para trabajar
Es el precio del triunfo.

Date tiempo para pensar
Es la fuente del poder.

Date tiempo para jugar
Es el secreto de la juventud.

Date tiempo para leer
Es el fundamento de la sabiduría.

Date tiempo para soñar
Es la forma de atar tu carreta
a una estrella.

Introducción

Un refrán es un estribillo. Un dicho agudo e intencionado, repetido tradicionalmente en forma invariable.

Es una frase completa, de carácter sentencioso, en la que se relacionan dos ideas. A veces, sin embargo, sus términos pueden aumentar hasta seis como podemos ver en el siguiente ejemplo: "Al matar los puercos, placeres y juegos; al comer las morcillas, placeres y risas; al pagar los dineros, pesares y duelos".

No existe una diferencia clara entre proverbio y refrán, especialmente cuando se trata de una sola oración como en el proverbio "No todo el monte es orégano" frente al refrán "No todo lo que reluce es oro".

Los refranes, pues, son sentencias de carácter popular —de pocas palabras— que encierran una propuesta didáctica, a veces simplemente festiva.

Al refrán suele llamársele adagio, máxima, aforismo y axioma. También los dichos forman parte de este género.

Todos los pueblos han tenido sus sentencias populares, siempre de gran sabiduría —de la sabiduría que otorga la observación diaria—; el ingenio del pueblo las arregla de manera graciosa y fácil de recordar (juegos de palabras, rimas, comparación original).

Nuestros refranes se han ido conformando a través del tiempo, tomando y conservando lo anterior, aún al encontrar nuevas palabras para las viejas fórmulas.

La tradición grecolatina aunada a la judeo-cristiana fluye en sentencias atinadas y vigentes, fundamento de los refranes actuales.

Lo más antiguo que se conoce en este género es el *Libro de los proverbios* de origen hebreo. Es una colección de sentencias aisladas que si bien no todas son comparaciones, pertenecen al mismo género. La versión griega de los *Setenta* coincide por entero con el texto hebreo.

La primera colección de refranes en lengua castellana de que se tiene noticia fue recopilada por el marqués de Santillana con el título *Refranes que Dicen las Viejas tras el Fuego*. Posteriormente, en el Renacimiento se desarrolló el gusto por las colecciones y encontramos numerosas publicaciones. Finalmente, en 1945 Martínez Kleiser editó el *Refranero español*, la más extensa colección de refranes recogida hasta hoy.

Estos refranes no recuerdan cuándo ni dónde, en realidad, nacieron. Ya se aclimataron —se pusieron el gabán y el sombrero—, viven como nosotros y se creen mexicanos.

En nuestro libro encontrarás refranes antiguos, campiranos, machistas, otros en que aparecen animales. Hallarás también algunos diálogos que las autoras han intentado hacer con refranes, pues su interés es sólo divertirte y hacer que conozcas o recuerdes los refranes de nuestros antepasados que en los tiempos actuales tienden a perderse.

Nuestros refranes

De Dios

- **A Dios rogando y con el mazo dando.**
  No hay que esperar un milagro, hay que trabajar para que se realice.

- **Al que madruga, Dios lo ayuda.**
  Anticipándonos en el camino es más fácil lograr lo que buscamos.

- **A cada capillita se le llega su fiestecita.**
  "No hay plazo que no se cumpla"...

- **Dios los cría y ellos se juntan**.
  Las personas con los mismos intereses se buscan y suelen asociarse.

- **Dios da el frío según es la cobija.**
  Dios —la vida misma— nunca nos da problemas que no podamos superar.
  NOTA: aunque a veces necesitamos "Dios y ayuda"...

- **Palo dado ni Dios lo quita.**
  No se puede modificar el pasado: lo que fue, es y será.

- **Meterse a redentor y salir crucificado.**
  Querer hacer el bien y ser mal juzgado.

- **Dios ayuda a los malos cuando son más que los buenos.**
  Hay que medir nuestras posibilidades o las de un objetivo, antes de solicitar ayuda sobrenatural.

- **Cuando Dios no quiere, santos no pueden.**
  Algunas cosas se nos niegan a pesar de usar diversos medios para obtenerlos.

- **A Dios se le dan las quejas, al diablo las disparejas.**
  Ante un fracaso, dirigimos a Dios las súplicas y al diablo los rencores.

- **Dios aprieta, pero no ahorca; o su variante: Dios aprieta, pero no ahoga.**
  La vida nos da penas, pero también soluciones.

- **Del agua mansa me libre Dios que de la brava, me cuido yo.**
  Los enemigos ocultos pueden sorprendernos, no así los que ya conocemos.

- **Detrás de la cruz está el diablo.**
  No debemos fiarnos de las apariencias.

- **Pagan justos por pecadores.**
  A veces se culpa a personas inocentes por el hecho de su cercanía o posible colaboración con el culpable.

- **Más sabe el diablo por viejo que por diablo.**
  A veces la edad da más conocimientos que un oficio o una especialidad.

Bíblicos y evangélicos

• **Traje de Adán o de Eva.**
Desnudez

• **Quedar como Adán.**
Haber perdido todo, refiriéndose a las desnudez del primer hombre.

• **Hablar de la mujer llamándola Eva.**
Por la primera mujer según la Biblia.

• **Llamar a la esposa "su costilla".**
Porque según la Biblia Adán fue hecho de tierra y Eva de una costilla del varón.

• **Nadie es profeta en su tierra.**
Con ese "nadie" pensamos en un comportamiento universal, ¡y todavía hablan de malinchismo!

• **Creer en alguien como en la Biblia.**
Ser digno de absoluta credibilidad; lo mismo se dice del Evangelio.

• **Ser un Judas.**
Un halago que determina una traición.

• **Quedar hecho un Cristo.**
Maltratado, lastimado por todas partes.

• **Llorar como una Magdalena.**
Recordando a la seguidora del maestro y sus apóstoles.

Irse con el santo y la limosna

- **Decir a todo, Amén.**
  Aceptar sin chistar.

- **Ser un Cirineo.**
  Ayudante, como aquel Simón de Cirene que ayudó a Jesús con la Cruz.

- **Ser o portarse como Samaritano.**
  Ayudar a otro sin prejuicios ni diferencias, como aquella María de Samaria que siendo de una tribu ajena se acercó a atender a Jesús herido.

- **Ni tanto que queme al santo, ni tanto que no lo alumbre.**
  Hay que buscar el justo medio. La alusión es a las velas o veladoras votivas que no deben estar tan cerca que la imagen arda, ni tan lejos que no se note la intención.

- **Se hace como que la virgen le habla.**
  Se hace desentendido, quiere disimular.

- **Desvestir un santo para vestir a otro.**
  Quitarle a uno para darle a otro.

- **Irse con el santo y la limosna.**
  Aprovecharse descaradamente.

- **Ser chivo expiatorio.**
  Algo así como "el que paga el pato" con o sin culpa.

- **¿Qué tendrá el agua, que hasta la bendicen?**
  Se refiere a algo cuyos méritos saltan a la vista.

- **Hasta *'onde* cristo perdió el poncho.**
  Algo irreverente, pero ingeniosa forma de decir muy lejos.

- **¡Fíate de la virgen y no corras!**
  Es bueno pedir ayuda y confiar en algo, pero ante un grave peligro: ¡piernas!; huye.

- **Poner la iglesia en manos de Lutero.**
  Encargar un bien a quien de antemano conocemos como su destructor o su enemigo.

Disculpas

- **Al mejor cazador se le va la liebre.**
  Aun los más conocedores, los más sabios y preparados, pueden tener errores.

- **Echando a perder se aprende.**
  La práctica suele dar buenos resultados; hay que insistir y aprender de los errores, analizando por qué ocurrieron.

- **El fin justifica los medios.**
  Un buen objetivo justifica —aunque no siempre— la forma en que se actúa para lograrlo.

- **En el arca abierta, el justo (el santo) peca.**
  Puede explicarse con otro: "La ocasión hace al ladrón".
  Sí, por eso no debemos descuidar lo que tenemos ni exponernos a un peligro sin ir preparados.

- **En todos lados se cuecen habas.**
  No hay que enorgullecernos demasiado de nuestra familia, de nuestro país, grupo o partido, en todos lados hay "buenos" y "malos", aciertos y errores.

- **Es de sabios cambiar de opinión.**
  Cuando uno se da cuenta de una equivocación, hay que reconocer el error ante los demás —¡fuera

orgullo!—: hasta los sabios se equivocan y dicen: "Es de tontos persistir en el error".

• **No hay bosque sin árbol chueco.**
Dondequiera encontramos errores.

• **No hay bonita sin pero ni fea sin gracia.**
Aun las mejores cosas son imperfectas, así como en las peores se encuentra algo agradable.

• **No hay mal que por bien no venga.**
Lo que muchas veces juzgamos un "mal" suele conducirnos a un bien.

Campiranos

(muchos de ellos son nahuatlismos)

• **¡Ábranse piojos que ahí les va el peine!**
Aviso —prepotente— de que se tenga cuidado, que no sea indiferente ante el peligro.

• **A la tierra que fueres haz lo que vieres...**
Hay que adaptarse al medio en que se está.

• **Al nopal[(1)] lo van a ver sólo cuando tiene tunas.**
Así son las "amistades" interesadas: te buscan cuando te necesitan, cuando esperan algo de ti.
Este refrán se derivó de un viejo cantar que, completo, decía así:
"Ingrata, negra fortuna:
he llegado a comprender
que al nopal lo van a ver
sólo cuando tiene tunas,
menos ¡ni se acuerdan de él!"

• **Baile cochino,[(2)] el del vecino.**
Cualquier fiesta o celebración requiere esfuerzo y gasto de quien la ofrece, por eso es más fácil y agradable concurrir a la del vecino, ¿no? Este refrán fue tomado como tema de la novelita costumbrista *Baile y cochino* de Facundo (*José Tomás de Cuéllar*).

---

(1) Catácea nacional
(2) De Cochi, dormir

De que Dios dice a fregar hasta llueven escobetas

- **Barájamela más despacio.**
  Cuando algo no se entiende lo suficiente; se pide mayor claridad en las palabras o en el comportamiento.

- **Con pan y vino bien se anda el camino.**
  Cuando se tienen buenos elementos es agradable vivir.

- **Cual más cual menos toda lana es pelo.**
  Nadie puede presumir de ser completamente perfecto.

- **Las cuentas claras y el chocolate**[(3)] **espeso.**
  En todo es preferible hacerlo mejor. Hablar claro es mejor que "andar con rodeos".

- **El que carga su tenate**[(4)] **sabe lo que lleva dentro.**
  Sólo el que tiene un sentimiento lo conoce de veras.

- **El que de chico es guaje no para hasta acocote**[(5)]**.**
  El que no estudia o se prepara para el mañana no tiene buen porvenir.

- **De que Dios dice a fregar hasta llueven escobetas.**
  Muchas veces no podemos librarnos de una tarea molesta.

- **El que nace pa' maceta no pasa del corredor.**
  Los que no están preparados o no tienen buen trato —ni "buena suerte"— no llegan a sobresalir en su medio.

---

(3) Cocholate: Bebida hecha con base en el cacao.
(4) Ténatl: Canasto.
(5) Acócotl: Calabaza larga para succionar el jugo del maguey.

- **El que no sabe es como el que no ve.**
  La ignorancia limita más que la incapacidad física.

- **Cada maestrillo tiene su librillo.**
  Cada persona tiene un comportamiento particular.

- **El que nace pa' tamal[6] del cielo le caen las hojas.**
  A veces no podemos librarnos de un destino humilde: las circunstancias se reúnen, se complementan, para ponernos en determinado camino.

- **En cualquier olla se quema el mole[7].**
  No seamos orgullosos: cualquiera tiene errores o comete una falta.

- **Está bueno ser pelón ¡pero no "de a tiro" "a ráiz"!**
  No hay que exagerar. No hay que insistir en algo hasta cansar al otro.

- **Hasta lo que no come le hace mal.**
  Hay personas tan descontentas que no quedan conformes con nada.

- **Jarrito nuevo, ¿dónde te pondré? Jarrito viejo, ¿dónde te aventaré?**
  Se refiere a la atención y mimos que se dan a las cosas recién adquiridas, así como el "estorbo" que significan, a veces, las usadas.

---

(6) Tamal-li: Panecillo de maíz y manteca
(7) Mole: Guiso a base de chile o ají.

- **Le hace lo que el viento a Juárez (*le voló el sombrero*).**

  Nada de importancia...

- **Lo que no está de Dios está del cocol.**

  Aquello que no "se da por sí" sale torcido. Tal vez este refrán tiene una edad respetable: el cocol se le llama —aunque nosotros lo traducimos por rombo— a un pan con esta forma lograda al retorcerle las puntas. Del náhuatl *coltic*, torcido, cocoltic (duplicado), retorcido. El refrán "salir del cocol" o "irle a uno del cocol" significa lo que en español: "salir torcido".

- **Muy redondo para huevo y largo para aguacate**[8].

  Se dice de la persona o del asunto cuyas características no están muy definidas.

- **No se puede chiflar y comer pinole**[9].

  Equivale al castellano: "No se puede tocar las campanas y andar en la procesión". Es decir, no es posible hacer dos cosas al mismo tiempo.

- **No quiere la tamalera**[10] **que otra se le ponga enfrente.**

  Cuando alguien ha ganado un lugar se molesta si aparece la competencia. No es grato que invadan tu territorio. En el comercio, así como en el amor, los recién llegados causan rivalidades.

  Ni una cosa ni otra.

---

(8) Aguacal-li: Fruto. Avocado en inglés. En otros países palta.

(9) Pinol-li: Polvo de maíz endulzado.

(10) Derivación española de tamal (página 45).

- **Cualquier sarape es jorongo[11], abriéndole bocamanga.**

  La habilidad puede cambiar las cosas a nuestra conveniencia.

- **Aún sirvo para tinaja y no para tapadera.**

  Todavía tengo ciertas facultades...

- **"Ora" es cuando chile[12] verde hay que dar sabor al caldo.**

  Sí, se necesita actuar oportunamente y no "después de atole[13]" (dicen por allá).

- **Para todo mal, mezcal[14]; para todo bien, también.**

  Ingenioso el hallazgo de la consonancia de palabras para "darle boleto" a una de las más populares bebidas nacionales.

- **¡Ay, riata, no te revientes q'es el último jalón!**

  No es bueno desanimarse cuando se está a punto de lograr algo.

- **Recaudo hace cocina no doña Catalina.**

  Con buen material se obtienen buenos productos. No es todo el mérito de quien hace algo; su éxito se debe muchas veces a lo que tuvo a su alcance.

---

(11) Jorongo (mexicanismo: Manta de abrigo con abertura central.

(12) Chil-li: Ají.

(13) Atol-li: Bebida hecha con harina cocida (de maíz).

(14) Mezcal: Bebida de maguey preparado especialmente.

- **Silencio, pollos pelones, ¡ya les voy a dar su _máiz_[15]!**
  Forma original —por cierto, prepotente— de llamar al orden a una asamblea o un grupo de personas reunidas.

- **Traje un ratón a mi agujero y se volvió heredero.**
  A veces damos ayuda o asilo a quien no sólo no lo merece, sino que quiere imponerse sobre nosotros.

- **Cuando la gente es vieja, si no le duele l´ pata, le duele l´oreja.**
  Nos habla de los variados y continuos achaques de la vejez.

- **Ya' stará jabón de olor, ni que perfumaras tanto.**
  En verdad, hay que medirse antes de presumir.

- **¿Y pa' qué son tantos brincos 'tando el suelo tan parejo?**
  Se debe calcular antes de reclamar y medirse cuando se opina o se contradice. No hay que exagerar.

- **De bajada, hasta las calabazas ruedan.**
  No existe el mérito, si una tarea es evidentemente fácil.

- **'Ta bueno el encaje, pero no tan ancho.**
  El encaje es un doble sentido: un adorno, por un lado; por el otro, el verbo encajar o encajarse significa abusar.

---

(15) Maíz no es náhuatl, es caribe, equivale a centli, de allí viene centéoltl, la diosa de maíz.

Pedir la luna y las estrellas

De esa "confusión" escuché otro simpático:

• **Bonito el adornito, pero algo encajosito.**
Lindo, pero aprovechado.

• **¿Y pa' cuándo son los truenos, si no para cuando llueve?**
Se aplica cuando alguien duda de la alabanza o el buen cometario.

• **Andar con tiquis miquis.**
Discutir por nimiedades, poniendo reparo a todo.

• **Pedir la luna y las estrellas.**
Pedir en exceso.

• **Mujer sin aretes, altar sin ramilletes.**
Siempre fue un detalle de coquetería el uso de los aretes (zarcillos, pendientes, arracadas) tanto que en la actualidad los usan los hombres y ellas se ponen más de un par, y en otros lugares antes inusitados.

• **Una por otra, la casa sin barrer.**
Varias personas debían hacer un trabajo; ninguna lo realiza pensando —esa es su disculpa— que alguien más lo hará.

• **Se junta el hambre con las ganas de comer.**
A una razón, se agrega otra semejante.

- **No hay mejor salsa que el hambre.**
  Quien de verdad tiene hambre no pone remilgos.

- **¡Con eso no come ni alpiste mi pájaro!**
  Una propina irrisoria, un trato desventajoso provocan una expresión —pícara y defensiva— como la referida.

Hablando de dádivas, comisiones miserables o regalitos "furris" , podemos añadir que:

- **Menos da una piedra.**
  ¡Sin comentario!

- **Ya me traen como loro a jergazos.**
  ¡Pobre loro! , y pobre el que se compara con el sufrido parlanchín a quien persiguen con golpes de una jerga mojada...

- **Te lo digo a ti, Pedro, para que lo entiendas tú, Juan.**
  Se ejemplifica para no poner la cara a la verdad.

- **Con esas gorditas, ni frijoles pido.**
  Piropo muy muy mexicano; aunque no tan fino, sí bastante directo

Exagerados

- **Se me hace chiquito el mar para echarme un buche de agua.**
  ¡Cómo, creen que no puedo! Soy capaz de ESO y más.

•¡Ay, no vayan a caérsele los anillos!

Cuando alguien tiene demasiados escrúpulos y se niega a hacer un trabajo.

•Eso está que ni mandado a hacer.

Salió como esperaba. Cumple con todas las expectativas.

•¡Ya pido esquina!

¡No quiero continuar en esta situación! Cuando se llega nuestra parada, nos acercamos a la puerta del transporte y gritamos: Esquina : ¡bajan!

•Tener la frente en alto.

No tener de qué avergonzarnos (o tener un padecimiento de las vértebras que no nos permite doblar el cuello…)

•Bajar la cabeza.

Aceptar las condiciones: los súbditos se inclinan ante los mandatos del rey.

•Ese tipo te bebe el aliento.

¿Un enamorado? ¿Un barbero? Alguien que está esperando tu menor deseo para complacerte, tal vez,

•Tener la sartén por el mango.

Como para nosotros LA sartén es ÉL, no pienses en salirte por la manga, ojo: con la sartén por el mango, tienes las de ganar.

• Se muere por tus pedazos.

Otra manera de decir "se muere por ti".

Diálogo

• *Yo to'avía "me la parto" con cualquiera, verdá e Dió. "No me rajo" —oí decir al Piporro, simpático artista que representaba en escena a la gente campirana del norte— "íí'ñor!".*

Fuera de época

Machistas

- **Cojera de perro y lágrimas de mujer no hay que creer.**
  ¿Será?

- **La mujer y la escopeta siempre cargadas y detrás de la puerta.**
  ¡Ya no! Ahora tiene hijos cuando le conviene, mueve la puerta a su antojo, entra y sale a discreción (o sin ella).

- **A la mujer ni todo el amor ni todo el dinero.**
  Y al marido: viceversa. Hay que compartir actividades, ganancias y libertades, ¿o no?

- **Más vale vestir santos que desvestir borrachos.**
  Es preferible la soltería (antiguamente afrentosa) que una mala vida de casada.

- **El incienso grato a cualquier mujer es el que en su propio altarcito quiere ver.**
  Generaliza —tal vez con conocimiento de ciertos casos— de la vanidad de algunas mujeres.

- **Mujer que sabe latín ni encuentra marido ni tiene buen fin.**
  Algunos sienten todavía insoportable la competencia...

Mujer que sabe latín ni encuentra marido ni tiene buen fin

- **Quien calla otorga.**
  Por eso en la actualidad la mujer no calla.

- **De la mujer y la gata, a cual más ingrata.**
  (¿Habló un resentido?)

- **Hijo de mi hija, hijo mío será; hijo de mi nuera, sólo Dios sabrá.**
  Diría yo a quien esto dijo: "Cree el ladrón que todos son de su condición".

- **Mujer: animal de cabellos largos e ideas cortas.**
  "Tache", aunque lo haya dicho Schopenhauer.

- **La cotorra o la mujer ni a quien escoger.**
  Olé por manifestar el "proverbial" vacío de la charla femenina (digo).

Discriminatorios

- **Quien del rey come gallina flaca, gorda la paga.**
  Por pequeño que sea el favor, tarde o temprano nos será cobrado con creces.

- **Aunque somos del mismo barro, no es lo mismo bacín que jarro.**
  El oficio, la raza o la categoría no hacen distinto al hombre en su esencia.

- **En tierra de ciegos, el tuerto es rey.**
  Ahora se llaman invidentes y pueden valerse en forma

aceptable: trabajan, triunfan, leen y opinan. No es atinado ya decir así el hecho —ciertísimo— de que donde nadie es capaz, un mínimo de aptitudes da superioridad.

- **Cae más pronto un hablador que un cojo.**
  También los "discapacitados para andar" son respetables y se rehabilitan para no caer... el mentiroso, en cambio, se delata con sus propias contradicciones; siempre hay alguien que descubre su ficción.

- **No tiene la culpa el indio, sino quien lo hace compadre.**
  Ya está bien de considerar a los indígenas como no merecedores de confianza...

- **Indio con puro, ladrón seguro.**
  Muy ofensivo: sería cuando nadie le ofreció uno de buena gana, me parece.

Obvios

- **Los niños hablan cuando las gallinas mean.**
  Refrán antiguo que prohibía a los niños intervenir en la conversación de los adultos.

- **La letra con sangre entra.**
  ¿Vale?

- **Quien bien te quiere te hará llorar.**
  Se ve que no existía la Comisión contra la Violencia.

- **Dame gordura y te daré hermosura.**
  Antiestético. Tuvo aplicación cuando había exceso de tuberculosas.

- **De los cuarenta pa'arriba no te mojes la barriga.**
  Perdón, sí haría un comentario que pongo a su atenta y pulcra consideración: ¿A qué olería el Salón de Mambo para la Tercera Edad?

- **Parir chayotes.**
  Algo sumamente difícil o doloroso... Ahora también fuera de época, ya que son más comunes los chayotes lisos que los espinosos; y en cuanto a parirlos, ya no se recomiendan los partos traumáticos: se hace "cesárea".

- **Gallina gorda hace buen caldo.**
  Antihigiénico, ¿verdad?

Diálogo

- En el campo se encuentran dos campesinos a una hora temprana.
  —Hola compadre, ¿por qué tan madrugador?
  —Pues como dicen que "al que madruga, Dios le ayuda."
  —Es cierto compadre, pero también dicen que "no por mucho madrugar, amanece más temprano."
  —Pero recuerde, compadre, que "el que no madruga con el sol, no goza del día" y "que el pájaro madrugador se come el mejor gusano".

—Eso es muy cierto compadre, pero hoy es lunes y "los lunes ni las gallinas ponen" y con sus prisas va a matar a "la gallina de los huevos de oro."

—Eso sí que no compadre, porque "más vale tener una gallina mañana, que un huevo hoy."

—Adiós, compadre, que le rinda el día.

• —"No hay peor lucha que la que no se hace", comadre —dijo doña Juana al regresar de los lavaderos, refiriéndose al hecho de buscar ayuda para su sobrino Sabás.

—Sí, comadrita, pero acuérdese que "dádivas quebrantan peñas..." Si a Sabás ya le dieron "lana" para que escondiera al ratero, no debía haberse "rajado".

—Ese ratero es novato, comadre, "no da pie con bola": dejó todo el reguero de plumas hasta la cueva donde tenía su guarida... y bien dice el dicho: "ratón de un solo agujero es al que encuentran primero..." Pos parece que el tipo "fue por lana y salió trasquilado", porque hasta los lazos y las jaulas que tenía prevenidas para los guajolotes, le quitaron...

—Sí, pero Sabás le podía haber "dorado la píldora" al capitán de la gendarmería: "¡no hay que ser"...

—Y todo por las malas amistades, así nunca va a "salir de perico perro".

—Bien dicen "dime con quién andas y te diré quien eres".

—No me ofenda, comadre, yo más bien diría que "el que con lobos anda, a aullar se enseña".

—Bueno, aunque "no hay palabra mal dicha si no es mal tomada", ¿verdad?

—Cierto, comadre, ¿en paz?

— ¡En paz! Y "no hay fijón".

Ingeniosos

- **De lengua me como un plato.**
  Lo que afirma un hablador se pone en duda.

- **El pez por la boca muere.**
  Una advertencia para los glotones.

- **El señor que fía salió a cobrar.**
  Los comerciantes, "escamados", ya no quieren fiar.

- **Hoy no fío, mañana sí.**
  Semejante al anterior: advierte que por el momento
  (en que se lee el aviso) no se fía.
  Y si es así cada vez que se lea, no se fía NUNCA.

- **Si presto al cobrar me ponen gesto.**
  Tercera llamada: ¡piensa antes de prestar!

- **En boca cerrada no entran moscas.**
  Hay que ser parco en las opiniones.

- **Entre todos la mataron y ella sola se murió.**
  Habla de esos casos en que todos evaden la responsabilidad.

- **Gota a gota, el mar se agota.**
  Un constante desgaste acaba con lo más extenso.

Gota a gota, el mar se agota

- **La paciencia es pan y ciencia.**
  Un juego de palabras para recomendar la virtud de virtudes: esperar.

- **¿No que no tronabas, pistolita?**
  Sorpresas que dan los "agachados", mustios o hipócritas (como tú los llames).

- **Tanto nadar para ahogarse en la orilla.**
  Después de un constante esfuerzo; ya casi para lograr algo, darse por vencido.

- **Ya no quieren queso, sino salir de la ratonera.**
  Dar por perdida una causa cuando en cambio se conserva la libertad.

¿Con juegos de palabras? ¡Ahí les van!:

- **No es igual Tianguistengo, que tianguis[1]tuve**

- **No es lo mismo la muela del juicio, que el juicio te amuela.**

- **P'os aquí o se aclimatan o se aclimueren.**

---

(1) Tianguis: mercado en náhuatl.

- Salimos de Guatemala, y entramos en Guatepeor.

- Ni muy muy, ni tan tan.

Comunes y no muy corrientes

(hay otros peores)

- **Comer quelites y eructar a pollo.**
  Hacerse pasar por lo que no se es.

- **Mamar y dar tope.**
  Querer sacar doble ventaja de un asunto.

- **¿Quieres tragar biznagas?, ahuátate la mano.**
  Equivale a: "El que quiera azul celeste que le cueste".
  La biznaga es una cactácea con espinas finísimas
  llamadas ahuates.

- **El que no llora, no mama.**
  Quien no pide, nada recibe.

- **Dar el santanaso.**
  Hacer algo fuera de tiempo. Se refiere a Santa Ana,
  que a su vez fue madre de María la Virgen.

- **Fumar del dátil.**
  Fumar de lo que te dan.

- **Poner a alguien como chancla vieja.**
  Maltratar de dicho o de hecho.

- **Al que se deja lo ensillan, lo montan y lo sacan
  a pasear.**
  Odio.

Dichos y entredichos

Aparecen en este libro los "dichos" porque participan de la filosofía de los refranes; en ellos va implícita una comparación derivada de la observación constante (En algunos se usaron aztequismos).

- **Dorar la píldora.**
  Las primeras farmacias pintaban y doraban las medicinas granuladas, las revolcaban en azúcar... todo para que el enfermo no notara su mal sabor y tuviera menos escrúpulos para tomarlas.

  Hoy, "dorar la píldora" es querer engañar por medio de las apariencias.

- **Ser acuaches.**
  Estar unidos como los "acuaches", de *acuatzin*[1].

- **Ahogarse en un vaso de agua.**
  Sentir impotencia ante la menor dificultad.

- **Ser ajonjolí de todos los moles**[2].
  Querer aparecer en todos lados.

- **Amor es de madre, lo demás es aire.**
  Habla del incomparable amor materno.

---

(1) Acuatzin: viboritas de agua que están constantemente apareadas.
(2) Mole: rica salsa picante hecha con base en chiles y chocolate.

- **Donde hay migas, hay amigas.**
Donde hay posibilidades, hay interesados.

- **Dar atole**[3] **con el dedo.**
Entretener con mínimas dádivas para obtener ventaja.

- **A pedir de boca.**
Cuando algo sale tal como se esperaba.

- **A la buena de Dios.**
Sin malicia.

- **No vale un cacahuate.**
Me importa un cacahuate.
El cacahuate es tan común que en nuestro país significa "poquísimo" o casi nada.

- **Ser un calavera.**
Dedicarse a la parranda.

- **Estar hecho una calavera o estar como calavera.**
Extremadamente delgado.

- **Tragar camote.**
Estar obligado a hacer algo desagradable o molesto.

- **Meterse en camisa de once varas.**
Meterse en una situación que no se puede manejar.

---

(3) Atole: bebida de harina de maíz.

Tener cola que le pisen

- **Ni chicha ni limonada.**
  Ni una cosa ni otra.

- **Quedarse sin camisa o en camisa.**
  Empobrecerse en extremo.

- **En casa del herrero, azadón de palo.**
  Se dice de quien no aprovecha sus propios medios.

- **Tener cola que le pisen.**
  Tener historia secreta.

- **Caras vemos, corazones no sabemos.**
  Las apariencias engañan.

- **Ser coyote de la misma loma.**
  Amigos, compañeros de andanzas.

- **Echarse un coyotito.**
  (Lo mismo que UNA PESTAÑITA). Alude al sabroso acomodo de un coyote para dormir.

- **Parecer chapulín.**
  Se dice de la persona ágil, muy inquieta.

- **Ni yendo a bailar a Chalma.**
  Más difícil que un milagro, cuya manda es ir a bailar ante el afamado Señor de Chalma.

- **Estar enchilado.**
  Estar extremadamente enojado.

- **Pegar el chicle.**
  Tratar de lograr "ligue" o amoríos. Conseguir lo que se desea.

- **Aquí no'más mis chicharrones truenan.**
  Aquí sólo mando yo.

- **Hacer algo al chilazo; al ahí se va; al aventón.**
  Descuidar responsabilidades.

- **Ser cuates**[4] **o encuatar.**
  Amigos más cercanos que hermanos: mellizos.

- **Cabeza de chiluca**[5].
  Cabeza dura. La chiluca, igual a cabeza.

- **No respondo chipote con sangre, sea chico o sea grande.**
  Chipote, igual a chichón.

- **Como agua pa' chocolate.**
  Equivale a estar en su punto, ser oportuno, no poder esperar más, estar para explotar.

- **Una sopa de su propio chocolate.**
  Hacer que alguien resienta sus propias maneras.

---

(4) Cuates o encuatar: ambos de *coatl*, serpiente, animal con los dos extremos semejantes.
(5) Chiluca: piedra para construir.

•No son enchiladas ni chilaquiles.
Es algo que no puede resolverse en un breve plazo.
Alude al escaso tiempo que se requiere para preparar
estos alimentos.

•Saberlo al dedillo.
Saber algo con todos los pormenores.

•Estar hasta el gorro.
Estar harto de algo.

•Entrar de gorra.
Entrar sin pagar. Parece que en un tiempo los
asociados de cierto espectáculo, sociedad o "mafia"
llevaban como contraseña determinada GORRA, claro,
ellos entraban sin pagar...

•Ser gorrón.
Abusar de la hospitalidad.

•No necesito guajes[6] **para nadar.**
Se refiere a no necesitar ayuda.

•Hacerse guaje.
Hacerse el desentendido.

•Hacer guaje a otro.
Engañar.

•Echar guante a alguien.
Atraparlo.

---

(6) Guaje equivale a vejigas.

Servirse con la cuchara grande

- **Tratar a alguien con guantes.**
  Con delicadeza.

- **Tratar con guante blanco.**
  Con diplomacia.

- **Salirse del huacal**[7].
  Querer hacer más de lo que se debe.

- **Servirse con la cuchara grande.**
  Abusar en el reparto.

- **No dar paso sin huarache**[8].
  Buscar constantemente un beneficio o comodidad.

- **Ni que fuera de hule**[9].
  Se refiere a la reacción lógica a cualquier daño.

- **Compañeros de camino pero no de itacate**[10].
  Habla de ser legal con los socios, pero no dejarse "quitar la comida".

- **Dar jicarazo**[11].
  Dar veneno en una bebida.

- **Juego de manos es de villanos.**
  El aparente juego, puede volverse enemistad.

---

(7) Huacal: jaula mexicana de carrizo o madera.
(8) Huarache: sandalia rústica.
(9) Hule: sustancia elástica de origen vegetal.
(10) Itacate: alimento transportable.
(11) Jicarazo: huaje en forma de vasija para beber.

- **Dar la machincuepa**[(12)].
  Igual a cambiar de chaqueta: cambiar de partido, mudar de parecer, de credo o de intención.

- **Hacer una mecada**[(13)].

- **Hoy por mí, mañana por ti.**
  Nadie sabe cuándo necesitará del otro.

- **Tener comal**[(14)] **y petate**[(15)].
  Tener comida y techo para pasar la noche.

- **Cara de metate**[(16)].
  Cara cacariza, llena de cicatrices.

- **Nunca falta un roto para un descosido.**
  No hay nadie tan despreciable que no encuentre pareja.

- **Le está lloviendo en su milpita**[(17)].
  Para bien o para mal, los acontecimientos siguen repitiéndose.

- **Es mejor un mal arreglo que un buen pleito.**
  Hay quien huye de las dificultades o discusiones.

---

(12) Machincuepa: voltereta.
(13) Mecada: de meco, gentes sin educación.
(14) Comal: plancha de cocina.
(15) Petate: estera para dormir.
(16) Metate: piedra de amolar.
(17) Milpa: sembradío.

- **Mentar la soga en casa del ahorcado**.
  Es penoso hablar de lo que a otros lastima.

- **No dejar títere con cabeza.**
  No perdonar a nadie en la crítica.

- **Quedarse como novia de pueblo.**
  ¡Vestida y alborotada! Lo mismo que quedarse plantada. Es decir: llevarse un chasco.

- **Ni donde tu tía vayas cada día.**
  No abuses de la confianza del otro.

- **A darle que es mole de olla.**
  Invitación a compartir algo bueno.

- **Los ojos son el espejo del alma.**
  La mirada delata la intención.

- **Sacarle el mole.**
  Sacar sangre de la nariz.

- **Estar en su mero mole.**
  Estar en su punto.

- **Llamarada de petate.**
  Comenzar algo con brío y luego abandonarlo; como el petate, que arde rápido y su llama se extingue de inmediato.

- **De una mula, una coz, y si le das tiempo, dos.**
  Cuídate de quien ya te dañó.

- **Ya tiene su ocotito[18] para llorar.**
  Se dice de quien acepta una situación que lo hará sufrir.

- **Hacer de su vida un papalote[19].**
  No sujetarse a reglas y padecer las consecuencias.

- **Unos van a la pena y otros a la pepena.**
  Los sinceros comparten tiempos difíciles; los oportunistas tratan, en cambio, de beneficiarse.

- **Asustarse con el petate del muerto.**
  Ser temerosos en demasía.

- **Liar el petate: enredar el petate.**
  Como antiguamente se hacía del petate, para dormir, un taco para mudarse del lugar.

- **Andar con pies de plomo.**
  Tener cuidado, ser cauteloso, irse con calma en los asuntos difíciles.

- **Esas pulgas no brincan en mi petate.**
  Sentir antipatía por ciertas compañías.

- **Tener mano de hierro o mano dura.**
  Ser demasiado exigente

- **Ser el mero petatero.**
  Tener absoluta superioridad.

---

(18) Ocote: pino resinoso de humo irritante.
(19) Papalote: cometa.

- **Tirar la piedra y esconder la mano.**
  Evitar la responsabilidad.

- **No alzar ni un popote**[20]**.**
  Ser inútil o perezoso para el quehacer doméstico.

- **Estar hecho un popote.**
  Demasiado delgado.

- **Mantenido con quelites**[21]**.**
  Carecer de buena alimentación.

- **No se puede tapar el sol con un dedo.**
  Algunos graves errores no pueden disimularse "así como así".

- **Hacer caravana con sombrero ajeno.**
  Aprovechar los méritos de otro.

- **Al son que le toquen, baila.**
  Adáptate a las circunstancias.

- **Hacer talacha**[22]**.**
  Trabajar duro.

- **Echarle crema a sus tacos**[23]**.**
  Presumir de más.

---

(20) Popote: pajilla.
(21) Quelite: humilde planta comestible.
(22) Talacha: pala de trabajo.
(23) Taco: tortilla enrollada.

Hacer una tormenta en un vaso de agua

- **Estar hecho un tamal**[24].
  Estar demasiado gordo.

- **Vestirse como tamal.**
  Vestirse sin gracia.

- **Ser como el enano del tapanco**[25].
  Alardear de algo sin poderlo sostener.

- **Tener brazo de hierro.**
  Ser muy fuerte o enérgico

- **Tomar el pelo.**
  Engañar.

- **Dar toloache**[26].
  Engañar, traer atontado a alguien.

- **Hacer una tormenta en un vaso de agua.**
  Exagerar sin fundamento.

- **Estar hecho un trapo.**
  Demasiado cansado o desmoralizado.

- **Zapatero a tus zapatos.**
  Cada quien a su oficio.

---

(24) Tamal: panecillo de maíz.
(25) Tapanco: buhardilla.
(26) Tolocache: de toloatzín, flor venenosa.

•A fuerza ni los zapatos entran.
No hay que forzar situaciones.

•Ponerse en los zapatos del otro.
Identificarse con el prójimo.

•Aquí se rompió una taza y cada quien para su casa.
¡La reunión se terminó!

•¡Duro!
Interjección de ánimo: adelante, hurra.

•Duro y a la cabeza.
Golpe fuerte y con buen tino.

•Estaban duro y duro.
Con tenaz insistencia: Duro y dale.

•Le dieron duro a la letra.
Estudiaron mucho.
A la talacha. Al trabajo.
Al chupe. A la bebida.

•Hay que estar en las duras y en las maduras.
El apoyo, la amistad se demuestra en los éxitos y en las penas.

•Te quiero como a mis zapatos viejos.
Cuando uno está cansado, son muy confortables los zapatos usados, los que acogen al pie acariciándolo como a un viejo amigo.

- **Meter el choclo.**
  Casi como "meter la pata" o equivocarse garrafalmente.

- **Mandar a zapatazos.**
  Mandar con lujo de violencia.

Peros, componendas, desatinos e insistencias

- Las apariencias engañan, pero impresionan.

- El hábito no hace al monje, pero sí lo distingue.

- Una golondrina no hace verano, pero lo anuncia.

- Un clavo saca otro clavo, o se quedan los dos dentro.

- Como te veo me vi, como te ves me verás... llegarás.

- Los últimos serán los primeros... que se amuelen.

- Los locos a la guerra, los cuerdos a su tierra, si los dejan.

- Matrimonio y mortaja del cielo bajan, si se trabaja.

- El silencio es oro... ¿quién lo paga?

- Al mal paso... ¡buscarle adopción!

- Ladrón que roba ladrón... pierden el expediente.

- Mal de muchos... consuelo de todos.

- No hay mal que dure cien años, ni enfermo que lo resista.

- No dejes para mañana lo que puedas hacer... pasado mañana.

- No por mucho madrugar... la suerte vas a encontrar.

- Agua que no has de beber... jala la cadena.

- El joven conoce las reglas... el viejo las traspapela.

- El que no oye consejo... vive contento.

- Piensa mal... y te quedas corto.

- El que tiene tienda que la atienda... y si no que la venda.

- El que fue a la villa perdió su silla... y el que fue volvió y a patadas lo quitó.

- El que hace un cesto, hace un ciento... si le dan lugar y tiempo.

- El que da y quita, con el diablo se desquita... y a la vuelta de su casa le sale una jorobita.

- Date a deseo y olerás a poleo:... date a cada rato y olerás a estiércol de gato.

- El comal le dijo a la olla: "Mira qué tiznada estás". La olla le contestó: "Mírate tú por detrás".

- El hombre propone, Dios dispone... viene el diablo y todo lo descompone.

• El que la hace... la abona.

Cuates, triates y más...

a) Nunca falta un pelo en la sopa.
b) No falta el negrito en el arroz.

a) Es pan comido.
b) Ese arroz ya se coció.

a) Quien a hierro mata, a hierro muere.
b) Ojo por ojo, diente por diente.
c) El que la hace, la paga.

a) En un abrir y cerrar de ojos.
b) En un santiamén.
c) En menos que canta un gallo.
d) En un dos por tres.
e) En un tris tras.

a) El miserable y el pobre, la pagan doble.
b) El flojo y el mezquino, dos veces el camino.

a) El lobo y la oveja, nunca hacen pareja.
b) El agua y el aceite no se mezclan.

a) Quedar desplumado.
b) Perder hasta la camisa.

a) Quemar la casa para acabar con el chinchero.
b) Salir peor el remedio que la enfermedad.

a) Nacer en pañales de seda.
b) Tener sangre azul.

a) Buscarle mangas al chaleco.
b) Buscarle tres pies al gato.

a) No sufras por el día que no has visto.
b) Hoy es aquel mañana por el que te angustiabas ayer.

a) Sólo con el corazón se puede ver bien.
b) Lo esencial es invisible a nuestros ojos.

a) El que reparte su hacienda antes de morir, prepárese
    para lo que ha de sufrir.
b) El diablo se ríe del que regala lo que ha menester.

Refranes en que intervienen animales

• **Aramos, dijo la mosca al buey.**
Este refrán se aplica en el caso de personas que se quieren adjudicar alguna acción o esfuerzo de otro.

• **Ponerse la carne de gallina.**
Más que un refrán es un dicho. Cuando uno tiene frío se le enchina la piel y se parece a la de las gallinas.

• **Colmar de piedritas el buche.**
Cuando algo o alguien nos cansa con sus impertinencias repetidas.

• **El buen gallo dondequiera canta.**
Se refiere a las personas bien preparadas que en cualquier lugar pueden demostrar lo que saben.

• **El que es perico dondequiera es verde, y el que es tarugo dondequiera pierde.**
Éste es un refrán equivalente al anterior en su primera parte y en la segunda se refiere a las personas que hablan en exceso y ponen en evidencia su ignorancia.

• **Al perro más flaco las pulgas más gordas.**
Parece que las desgracias persiguen a las personas más débiles o por lo menos se notan más en ellas.

• **Hijo de tigre, pintito.**
Los hijos heredan características de sus padres.

- **Cada oveja con su pareja.**
Las personas tienden a asociarse con otras que tienen características semejantes. Sería equivalente al refrán que dice: "Dios los cría y ellos se juntan".

- **A gato viejo, ratón tierno.**
Se puede referir a la alimentación de los viejos o a la tendencia de éstos a estar con personas más jóvenes.

- **Perro que come huevo ni a palos deja la maña.**
Cuando se adquiere una mala costumbre que nos gusta es difícil deshacerse de ella.

- **El que por su gusto es buey, hasta la coyunda lame.**
Se dice cuando alguien está consciente de que lo que va a hacer está mal y por lo tanto debe asumir las consecuencias.

- **...de que lo coman los gusanos a que lo gocen los humanos.**
Hay que aprovechar las cosas que nos brinda la vida, de otro modo se echarán a perder.

- **El hombre y el oso, entre más feo más hermoso.**
Hay otras cualidades del hombre más importantes que la belleza.

- **Con un ojo al gato y otro al garabato.**
No debemos descuidar nuestras actividades por empezar con alguna nueva.

- **¿Qué espera el gato? Mujer descuidada y puerta abierta.**
El descuido favorece la ocasión.

- **A caballo regalado no se le mira el colmillo.**
A los obsequios que se reciben no hay que analizarlos, sino disfrutarlos tal como son.

- **Más vale pájaro en mano que ciento volando.**
Es mejor tener poco pero seguro que mucho en ilusiones.

- **Tanto peca el que mata la vaca, como el que le tiene la pata.**
La complicidad en actos delictivos hace culpables a todos los que intervienen aunque sea en una mínima parte.

- **También el perro de la calle come.**
En mayor o menor grado, todas las personas tienen necesidades que satisfacer.

- **Cuando la perra es brava hasta a los de casa muerde.**
El carácter violento no se detiene ni con los familiares.

- **Quedó como el perro de las dos tortas.**
Por no decidirse a tiempo se pierden oportunidades.

- **El lunes ni las gallinas ponen.**
Algunos trabajadores suelen prolongar el descanso un día más.

- **Darle una friega de perrito bailarín.**
  Comparar con el duro trato que se da a los perros para adiestrarlos.

- **Aunque la mona se vista de seda, mona se queda.**
  La naturaleza propia de las personas no se modifica por las ropas que se pongan.

- **Si digo que la burra es parda, es porque tengo los pelos en la mano.**
  Lo que afirmamos con certeza debemos demostrarlo con pruebas.

- **¡Otra vez la burra al trigo!**
  Las personas necias persisten en sus errores.

- **Según el sapo es la pedrada.**
  Es necesario actuar de acuerdo con las circunstancias sin exagerar ni minimizar las cosas.

- **El que con lobos anda, a aullar se enseña.**
  La convivencia con determinadas personas nos hace parecidos a ellas.

- **Entrada de caballo fino y salida de burro manso.**
  En ocasiones empezamos algo con mucho ímpetu, pero no mantenemos el ritmo y fracasamos.

- **El pez grande se come al chico.**
  El poderoso se aprovecha del débil.

- **Camarón que se duerme se lo lleva la corriente.**
Se aplica a las personas que se descuidan y son arrastradas por los acontecimientos.

- **De noche todos los gatos son pardos.**
Sin claridad ni objetividad no se puede juzgar a las personas.

- **Cada chango a su mecate.**
Que cada quien se dedique a lo que sabe hacer.

- **Más vale cabeza de ratón que cola de león.**
Es mejor ser jefe, aunque sea de una empresa pequeña, que empleado en una empresa grande.

- **Es la misma gata nomás que revolcada.**
Es decir lo mismo pero de otra manera.

- **De grano en grano llena la gallina el buche.**
Poco a poco se puede hacer una fortuna.

- **Muerto el perro se acabó la rabia.**
Cuando se corta un problema de raíz, se acaba con las dificultades que nos daba.

- **A otro perro con ese hueso.**
Se suele utilizar cuando creemos que nos están engañando.

- **Perro que ladra no muerde.**
Algunos amenazan sin ir más allá.

El pez grande se come al chico

- **Chivo brincado, chivo pagado.**
Por lo general se aplica en la compraventa, queriendo decir que a la entrega de la mercancía debe pagarse de inmediato.

- **Cree el león que todos son de su condición.**
Las personas tienden a juzgar a los demás según ellas mismas.

- **Los patos les tiran a las escopetas.**
Se dice cuando las personas más débiles o niños atacan a sus superiores o a sus padres.

- **El que roba un huevo, robará una res.**
Si tiene uno tendencia a robar puede robar cualquier cosa, no importando su valor.

- **El que se convierte en borrego será comido por el lobo.**
Confiar en exceso en las personas puede exponernos al abuso de pillos.

- **El puerco nunca ve más arriba que la altura de su cabeza.**
Se dice de las personas sin aspiraciones que se contentan con poco, que no luchan por lograr mejores circunstancias.

- **Es mejor regalar la lana que todo el borrego.**
Se puede prescindir del producto y no de los medios de producción.

- **El que se acuesta con perros se levantará con pulgas.**
  Es equivalente "Al que con niños se acuesta, mojado amanece". Estos refranes se refieren a que si se frecuentan determinados ambientes no favorables, se saldrá perjudicado.

- **Las abejas tienen miel, también tienen aguijón.**
  Todas las cosas buenas tienen también su lado negativo.

- **No todos a quienes los perros ladran son ladrones.**
  Se parte del error de que los perros le ladran solamente a los ladrones.

- **Se caza pronto a la rata que no tiene más que un agujero.**
  Es necesario tener varias opciones para no ser sorprendidos por las circunstancias adversas.

- **¿Quién le pondrá el cascabel al gato? dijeron los ratones.**
  Se dice en situaciones en que alguien debe enfrentarse a la autoridad o la prepotencia.

- **Ahí fue donde la puerca torció el rabo.**
  Se dice de las situaciones donde se llega a un punto crítico y las cosas fallan.

- **La curiosidad mató al gato.**
  La curiosidad sin precaución puede perjudicarnos.

- **Más vale tener una gallina mañana que un huevo hoy.**
Es preferible tener los medios de producción que solamente el producto.

- **Al ojo del amo engorda el caballo.**
Toda empresa prosperará si el dueño está siempre al frente de ella.

- **Quien da pan a perro ajeno pierde el pan y pierde el perro.**
Si tratas de ganarte a personas comprometidas con otras corres el riesgo de perder lo que inviertes y a la persona.

- **Más moscas atrapa una gota de miel que de vinagre un tonel.**
Se consigue más por las buenas que con enojos.

- **La cabra siempre tira al monte.**
El hombre que golpea mujeres siempre seguirá golpeándolas.

- **Caballo chiquito, siempre potrito.**
Las personas pequeñas parecen más jóvenes.

- **El niño perdido llora, pero sigue cazando mariposas.**
Ante las desgracias la naturaleza de las personas sigue estando presente.

- **El buey solo, bien se lame.**
El que vive solo dispone de su vida a su antojo.

- **Un hombre sin religión es como un caballo sin freno.**
  Refrán en desuso. Supone que las religiones son un freno para las malas conductas.

- **Como chivo en cristalería.**
  El que es torpe puede causar estropicios en determinados ambientes.

- **Perro que no anda no topa hueso.**
  La suerte no viene sola, hay que buscarla.

- **Casa y potro, que lo dome otro.**
  Todos los principios cuestan más trabajo y requieren más esfuerzo.

- **Caballo grande, ande o no ande.**
  Para los que juzgan o prefieren por las apariencias o el tamaño sin fijarse en la eficiencia o calidad.

- **Alborotar el gallinero.**
  Alguien que mete la mano y "hace olas" a veces en provecho propio.

Diálogo

Diálogo entre los propietarios de dos tiendas cercanas.
—Buenos días don Gregorio, me han dicho que usted está tratando de ganarse a mi empleado; que le ofrece el oro y el moro. Mi empleado me es fiel, así que no le

vaya a pasar como "al que le dio pan al perro ajeno y perdió el pan y perdió el perro".

—Sí don Venancio, le estoy ofreciendo mejor sueldo y recuerde que la oportunidad la pintan calva, no le vaya a pasar a su empleado como al "camarón que se duerme y se lo lleva la corriente".

—Usted hablando de mejores sueldos, a otro perro con ese hueso, a ver si mi empleado no se queda como "el perro de las dos tortas", sin ninguna de las dos.

—Lo que pasa, don Venancio, es que usted cree que su empleado es como "el puerco que nunca ve más arriba de la altura de su cabeza", pero las apariencias engañan, tras la cruz está el diablo y viniéndose conmigo podríamos decir que "el que a buen árbol se arrima buena sombra le cobija".

—Don Gregorio, ya me está usted "llenando de piedritas el buche, para que tanto brinco estando el suelo tan parejo"; que el muchacho decida y "que cada quien se rasque con sus propias uñas".

Para pensar: verdades y mentiras

- **Antes mis dientes que mis parientes.**
  Primero deben ser nuestros propios intereses.

- **Con esos amigos para qué quiero enemigos.**
  Se dice cuando un amigo te defrauda o te ataca.

- **Ande yo caliente y ríase la gente.**
  Si estoy convencido de lo que hago, no debe importarme la opinión ajena.

- **Hijo eres, padre serás...**
  Pórtate con tus padres pensando que ese modelo tendrán tus hijos para actuar contigo.

- **De buenas intenciones está asfaltado el camino del infierno.**
  No es suficiente tener buenas intenciones —"querer hacer"—, es necesario actuar de acuerdo con la justicia.

- **El que se hace de miel se lo comen las moscas.**
  Se dice de las personas que no poniendo límites, permiten "más de la cuenta" y esto llega a afectarlas.

- **La práctica hace al maestro.**
  Cuando se insiste en alguna actividad se adquiere gran habilidad y competencia.

- **El bostezo va de boca en boca, como el vino de bota en bota.**
  El bostezar y el beber son actitudes "contagiosas".

- **Puede dar más el duro que el desnudo.**
  Realmente, el que nada tiene, nada puede dar.

- **El que da primero da dos veces.**
  Sólo el que cumplió ya, está seguro de que podrá volver a dar.

- **Libro cerrado no saca letrado.**
  Para sacar provecho de los libros, hay que aplicar los conocimientos que encierran.

- **Las buenas palabras y los buenos modos gustan a todos.**
  "¡Qué bonito es lo bonito! A quien no le ha de gustar", dice con justicia una coplita antigua de canción conocida.

- **La mentira no tiene pies, tiene alas.**
  La información falsa suele difundirse más pronto que la verdadera.

- **La mujer no es camisa que se cambie.**
  ¡Gracias por la recomendación! (Eva.)

- **Cuando la pobreza entra por la puerta, el amor sale por la ventana.**
  Es difícil tener actitudes positivas cuando se carece de lo necesario.

- **Más vale atole con risas, que chocolate con lágrimas.**
Es preferible la armonía familiar que el dinero.

- **Más vale que digan: "Aquí corrió que aquí murió".**
No hay que exagerar el valor cuando se está en grave peligro.

- **El hilo se revienta por lo más delgado.**
Los puntos débiles de asuntos o personas son los más vulnerables.

- **Si tu mal tiene remedio, para qué te apuras; si tu mal no tiene remedio, ¿para qué te apuras?**
Debemos estar serenos ante los problemas y no sufrir antes de medir las consecuencias.

- **Los hijos y los maridos, por sus hechos son queridos.**
Consecuencia lógica.

Mentiras

El amor es ciego.

Contigo pan y cebolla.

Cuando dos se quieren bien, con uno que coma basta.

...y para pensarlo!!!

Amor de suegra y nuera, de boca para afuera.

Los más oídos

- **El que de ajeno se viste, en la calle se desviste.**
  Quien se apropia de lo ajeno es descubierto.

- **El que nada debe, nada teme.**
  La tranquilidad acompaña a los que obran con rectitud.

- **Mala yerba nunca muere.**
  Es difícil deshacerse de los que "no valen la pena".

- **Ir por la lana y salir trasquilado.**
  Se dice de quien busca provecho y sale perdiendo.

- **Quien no se arriesga no pasa la mar.**
  Es necesario dejar la inseguridad para lograr los objetivos.

- **A palabras necias, oídos sordos.**
  No se debe hacer caso de los necios.

- **A subida más alta, mayor caída.**
  Duele más el fracaso de los triunfadores.

- **No hay peor sordo que el que no quiere oír.**
  Hace referencia al que no atiende los consejos.

- **Comer y rascar, todo es empezar.**
  Algo que se empieza generalmente se sigue haciendo.

El que no corre, vuela

- **El que no corre, vuela.**
  Habla de los que quieren ganar los mejores lugares.

- **Arrieros somos y en el camino andamos.**
  Todo mundo está expuesto a lo mismo.

- **De tal palo, tal astilla.**
  Los hijos se parecen a los padres.

- **El que mucho abarca, poco aprieta.**
  Debe concentrarse la fuerza en el asunto más importante.

- **Hombre prevenido vale por dos.**
  La previsión es una gran defensa.

- **Genio y figura hasta la sepultura.**
  Es difícil cambiar la personalidad de alguien.

- **No hay peor lucha que la que no se hace.**
  No debemos darnos por vencidos antes de intentar el triunfo.

- **La ociocidad es la madre de todos los vicios.**
  El ocio da tiempo al vicio.

- **Quedaron a mano.**
  Hubo un empate.

- **No dar pie con bola.**
  Ser torpe para actuar en determinado asunto.

- **¡Me vale un comino!**
  Valer poco.

- **Las cosas se parecen a su dueño.**
  La gente deja un sello personal en lo que hace o tiene.

- **Estar entre la espada y la pared.**
  No tener fácil escapatoria.

- **Exprimirse la mollera.**
  Trabajar arduo mentalmente.

- **Tragarse el anzuelo.**
  Caer en la trampa.

- **Echar rayos y centellas.**
  Quejarse con malas palabras o excesivos enojos.

- **Echar la casa por la ventana.**
  Gastar más de lo debido.

- **¡Este arroz ya se coció!**
  Ese asunto se está solucionando.

- **Darle vuelo a la hilacha.**
  No medirse en la diversión.

- **¡Al buen entendedor pocas palabras!**
  Para los que quieren o pueden entender basta con pocas explicaciones.

- **Dar de alazo.**
  Gustarle a alguien. Ser agradable

- **Dar "ñañaras".**
  Sentir repulsión o "cosquillitas en el buche".

- **Tener para dar y prestar.**
  Se dice de alguien autosuficiente.

- **Dar el gatazo.**
  Algo que aparenta más de lo que es. Como un "vidriante"a un diamante.

- **Dar el viejazo.**
  Conservarse en buen estado hasta que en un momento la vejez no se puede ocultar.

- **No hay que dar dado.**
  No hay que dar en exceso. Porque mientras más des, más creen que merecen.

- **Leer entre líneas.**
  Captar la intención aunque las palabras no sean claras.

Buceando en el tintero

- **La vida vacía es la antesala de la depresión.**
  El ocio, a la larga, hace perder sentido a nuestra vida.

- **Más vale paso que dure, que trote que canse.**
  Vale más hacer poco y perseverar que agotarse antes de terminar la faena.

- **El que mucho se despide, pocas ganas tiene de irse.**
  Las despedidas suelen alargarse porque cuando se está a gusto siempre hay algo más que comentar.

- **El que de joven no guarda, de viejo ladra.**
  Sí, es necesario medir fuerzas y gastos para no carecer más adelante.

- **Cuidarlo como a la niña de los ojos.**
  Los ojos son uno de los dones más preciados, por eso evitamos su deterioro; del mismo modo algo estimado debe cuidarse de modo semejante.

- **Como te ven te tratan.**
  El buen vestir y la presencia física son nuestra primera presentación: ¡cuidado!

- **Como buscar una aguja en un pajar.**
  Se refiere a emprender tareas demasiado difíciles.

- **El que achaca sus errores a los demás no progresa jamás.**
Reconociendo nuestros errores podremos adelantar en nuestra formación.

- **Usted será buen barbero, pero a mí no me rasura.**
A veces se desconfía de los que presumen de sabios.

- **Lo que no fue en tu año, no fue en tu daño.**
No hay que lamentarse de lo que no nos tocó vivir.

- **El que no tuviere fuerzas, no se meta a cargador.**
No hay que intentar aquello para lo que uno no está preparado.

- **No hay palabra mal dicha si no es mal tomada.**
Muchas veces tomamos a mal algo que no quería ofendernos.

- **Quien de su casa se aleja, no la halla como la deja.**
La presencia en los asuntos propios es la mejor garantía y defensa.

- **Hombre chiquito, embustero o bailador.**
Características de muchos "personajes" de la vida diaria.

- **El que le presta a un amigo, adquiere un enemigo.**
El dinero o los intereses suelen separar a personas allegadas.

- **En recibir y en dar, fácil es errar.**
  No siempre se acierta cuando se da algo y a veces no recibimos con agrado lo que se nos brinda.

- **Cada viejecito alaba su bordoncito.**
  Cada uno conoce lo que le es verdaderamente útil.

- **Mientras menos bultos más claridad.**
  Cuando muchas opiniones intervienen, los asuntos no logran aclararse.

- **Tanto le hacen al buey manso hasta que embiste.**
  La persona más tranquila puede colmarse si se le molesta continuamente.

- **El que de santo resbala hasta el infierno no para.**
  Aunque sea difícil dar "un mal paso", éste podría condicionarnos a seguir en el error o caer en el vicio.

- **El que a solas se ríe, de sus maldades se acuerda.**
  Se refiere a los pensamientos juguetones que recordamos cuando estamos solos.

- **El amigo que no da y el cuchillo que no corta, que se pierda, poco importa.**
  No es doloroso perder lo que no es útil.

- **Entre santa y santo, pared de cal y canto.**
  Los que conviven de cerca suelen enamorarse.

- **Más vale malo por conocido que bueno por conocer.**
Es difícil asegurar la bondad de lo que no hemos visto.

- **El que tuviere tejado de vidrio no arroje la piedra al del vecino.**
No hay que causar un daño que puede "retacharnos".

- **El pan ajeno hace al hijo bueno.**
Mientras un hijo depende de sus padres, tiene todo, cuando sale de casa valora el trabajo que da obtener lo más mínimo.

- **La ropa sucia se lava en casa.**
Los asuntos de familia no deben ventilarse por fuera.

- **Más vale solo que mal acompañado.**
Un acompañante suele intervenir en nuestras decisiones.

- **El que adelante no mira, atrás se queda.**
Para progresar hay que programar el futuro.

- **En casa donde no hay harina, pura "muina".**
La falta de medios afecta la unión familiar.

- **El que no quiera ver visiones que no ande de noche.**
No frecuentes lugares donde hay algo que te disgusta.

- **El que hambre tiene en pan piensa.**
Pensamos en aquello que necesitamos.

- **El que no te conozca que te compre.**
  Hay quienes dan una apariencia y esconden su verdad.

- **Menos cortesía y más pan.**
  Vale más dar poco que ofrecer y prometer.

- **Pa'luego es tarde.**
  El tiempo es decisivo muchas veces.

- **De médico, poeta y loco todos tenemos un poco.**
  Todos, en verdad tenemos ingenio y conocimientos que pueden salir en un momento.

- **El fisgón y el malicioso viven sin reposo.**
  El que quiere indagar constantemente lo que pasa a su alrededor suele enterarse de cosas desagradables y vivir en zozobra.

- **De un solo golpe no se tira un roble.**
  Las cosas bien construidas no se derriban fácilmente.

- **El buen juez por su casa empieza.**
  No se vale juzgar a los demás, si no medimos antes nuestros errores.

- **Mi casa es chica pero es mi casa.**
  Habla de la libertad de tener nuestra propia casa y de poder disponer a nuestro antojo de lo que en ella hay.

- **Juntos pero no revueltos.**
  Es buena la compañía cuando se conserva la individualidad.

- **Al cabo de los años mil, vuelven las aguas por donde solían salir.**
Es fácil que las costumbres abandonadas se revivan algunas veces.

- **Agua pasada no mueve molino.**
Mientras se quiera obtener algo, tenemos que seguir trabajando por ello.

- **No era nada lo del ojo / y lo llevaba en la mano.**
A veces no se le da importancia a los problemas ajenos.

Novedades bastante novedosas

- **Ya enseñó el có...digo de barras.**
  Ya enseñó el cobre.

- **A mí, mis timbres.**
  En cualquier circunstancia, defenderé mis derechos.

- **Agarra la onda.**
  Date cuenta de lo que sucede. Pon atención al asunto.
  Asimílate al grupo.

- **Armar un "pancho".**
  Hacer un escándalo por una nimiedad.

- **Hacerla de tos.**
  Agrandar los problemas. Darle a un asunto mayor
  importancia de la que tiene.

- **Irse con la música a otra parte.**
  Retirarse "olímpicamente".

- **Le cayó el veinte.**
  Como a una sinfonola que empezara a funcionar; a
  la manera de un teléfono de monedas; "cae el veinte"
  cuando te das cuenta de algo que no captabas, cuando
  reaccionas ante lo que no respondías.

•Lo dejaron como campeón.

Cuando alguno es maltratado nos hace recordar los golpes y magulladuras con que queda un "campeón" de box después de la pelea.

•No seas música.

No molestes; no insistas en lo que no me agrada.

•¿Qué esperabas, petróleo?

¡Qué engañado has vivido! No esperes lo que de antemano debes suponer imposible.

•¿Qué hongo? (deformación o "arreglo" de ¿qué onda?)

¿A qué te refieres? ¿Qué pretendes? ¿A qué se debe tu comportamiento?

•Quien se mueve no sale en la foto.

Al ausente no se le toma en cuenta.

•"Tás orate, chale... casi como te patina el coco o resbala tu azotea.

Estás loco. No tienes razón. "Ubícate".

Tenemos en seguida ciertos descubrimientos para señalar a "los que se creen mucho", "se las dan de olor" y se portan como si fueran:

1. La divina envuelta en huevo.

Como un chile relleno ("de lujo") u otro manjar capeado con espuma de huevo batido... hmm... presentado sobre un platón de loza decorada. ¡No se pide más!

2. La divina garza.

Según leímos se derivó del hecho siguiente:

Había en Monterrey una señora de apellido Garza que era adivina: fue muy popular y acertada en sus premoniciones y avisos paranormales; por ello, cuando alguien "se las daba" de adivino lo comparaban con "La adivina Garza". Con el tiempo y el manejo de esta expresión se cambió por la hoy conocida que mencionamos.

Agregamos, sin mayor comentario, los muy conocidos calificativos para "ciertas personas":

3. La mamá de los pollitos.

La progenitora de tarzán.

La tía de batman y hasta

Dueña de los anteojos de Harry Potter, ¿por qué no?

Se le va el avión.

Perder el sentido de la realidad del momento.

¿Qué pasión te domina?

¿Qué pasa?

¿Qué "trancita"(diminutivo de tranza) por tus venas?

¿Qué plan tienes por el momento?

¿Qu' epazotes con los elotes?

¿Qué pasó?

Se le va el avión

Écharle mucha crema a sus tacos.
Presumir de más.

Faltaron, entre otros verdaderos hallazgos, la festiva manera de alabarse a sí mismo (con ironía) para decir "me voy" o "me despido":

Esta muñeca se cambia de aparador, o bien

Este monumento se muda de glorieta.

Alusivos

(que se refieren a hechos —o lugares—
históricos y legendarios)

Andar de la CECA a la MECA.
Ir de un lado para otro como Mahoma, el profeta, en su vida de apóstol.

Armar un San Quintín.
Formarse un desorden, una gran trifulca.

Hacer cábalas.
Buscar soluciones o hacer cálculos arriesgados; tomando las opiniones de la Cábala como supersticiones.

Ser un Quijote.
Actuar con gran desinterés, como "El Ingenioso Quijote de la Mancha", dedicado a ayudar a los demás sin limitarse ante el perjuicio.

Valer un Potosí.
Valer tanto como el lugar fabuloso donde todo era de oro (leyenda que corría durante los descubrimientos del siglo XVI).

De la religiosidad popular

Pasar un calvario.
Penalidades semejantes al camino de Jesús para llegar al Monte Calvario donde fue crucificado.

Quedar como Adán.
Haber perdido todo, refiriéndose a la desnudez del primer hombre.

Ser un Judas.
Un traidor como el apóstol de ese nombre.

El beso de Judas.
Un halago que determina una traición.

Quedar hecho un Cristo.
Maltratado, lastimado por todas partes.

Estar en un Edén.
Tener un paraíso como el terrenal en que Dios colocó a Adán y Eva.

Vivir una Odisea.
Pasar una serie de aventuras increíbles como Ulises —Odiseo— durante su regreso al finalizar la Guerra de Troya.

¡Y ahí ardió Troya!
Suceder un desastre; como el final de dicha guerra que terminó con un incendio que arrasó la ciudad.

Temer que algo resulte como el Caballito de Troya.
Sospechar un engaño como el de un grupo de soldados armados que llegaron a Troya en un caballo hueco —de madera— que construyeron.

Volverse una Babel.

Caer en una confusión, como la que causó en Babel la diferenciación de las lenguas.

Estar en el Séptimo Cielo.

Estar en el colmo de la dicha. En el supremo o último de los siete (número mágico) cielos que se supone existen.

Irse, largarse o mandar a alguien al Quinto Infierno.

¡Al más recóndito de los lugares de tormento!

Todos los caminos llegan a Roma.

Cualquier vía puede conducirnos a un punto o meta final.

No se ganó Zamora en una hora.

Fue muy tardada y muy costosa en vidas la rendición de Zamora a los moros...

Como en México también hay una nueva Zamora (en recuerdo de aquella), el dicho se cambió por uno más comprensible. "No se hizo Zamora en una hora". Ambos hablan del tiempo necesario para lograr algo bien hecho.

París bien vale una misa.

Se refiere al hecho de que una gran causa merece cualquier pago o sacrificio.

Hacer la barba.

A las barberías anteriores a la Gillete —no es comercial— iban los señorones potentados, los ministros del virrey... y claro, entre plática y plática, los servidores de la navaja podían pedir algo (poco o mucho) mientras "hacían la barba".

Tener o darse ínfulas.

Los sacerdotes de Apolo se cubrían con vestimentas y tocados que representaban al dios: las **ínfulas**; en esa forma eran intocables. Por eso ahora, cuando hay quien actúa como investido de esos maravillosos resguardos, se piensa que ellos creen que tienen ínfulas.

Qué piensan los pensadores

Todas las cosas buenas tienen su lado luminoso y su lado sombrío. *Manuel Gutiérrez Nájera.*

El alma obedece a un destino que no toma en cuenta el tiempo ni la victoria. *José Vasconcelos.*

El respeto al derecho ajeno —entre los hombres como entre las naciones— es la conservación de la paz. *Benito Juárez.*

Encontrar lo bueno en lo malo es el secreto de la sabiduría. *Antonio Manero.*

Lo malo no es morir, sino morir sin haber hecho una vida útil. *Antonio Manero.*

El que hace alarde de ser amigo de todos no es amigo de nadie. *Antonio Manero.*

No juzgues incompleto a tu amor; él lleva en sí mismo su propia plenitud. *Amado Nervo.*

La muerte es la libertad absoluta. *Amado Nervo.*

Superespeciales

La gratitud es la memoria del corazón.
Si queremos paz, trabajemos por la justicia.

No hay camino para la paz, la paz es el camino. *Mahatma Gandhi.*

Saber hablar es don de muchos, saber callar es don de pocos, pero saber escuchar es generosidad de unos cuantos.

Nunca habrá otro ahora, así que haré lo mejor de mi hoy. Nunca habrá otro yo, así que haré siempre lo mejor de mí.

De moda

- **Andar a la sopa "boba".**
  Quedarse a disfrutar un privilegio que ya no les corresponde.

- **Dar " mordida".**
  Cuando nos convidan a una "mordidita" que no se note, nos hacemos cómplices del que se robó la rosquita.

- **Untar la mano.**
  Con algún "aceitito" —volante o sonante— que ayude a caminar la "máquina"…

- **Jinetear el dinero.**
  Si se montaban en el "caballo de la hacienda" -que no es suyo- los jinetes ganaban premios; así como "montados en el dinero ajeno" , algunos suelen "jinetearlo", sí, sacarle el provecho que debía ser del dueño.

Reflexión final

Si escuchas tus temores
morirás sin saber
la gran persona que
pudiste haber sido.

COLECCIÓN CULTURAL

COLECCIONES

Belleza
Negocios
Superación personal
Salud
Familia
Literatura infantil
Literatura juvenil
Ciencia para niños
Con los pelos de punta
Pequeños valientes
¡Que la fuerza te acompañe!
Juegos y acertijos
Manualidades
Cultural
Medicina alternativa
Clásicos para niños
Computación
Didáctica
New Age
Esoterismo
Historia para niños
Humorismo
Interés general
Compendios de bolsillo
Cocina
Inspiracional
Ajedrez
Pokémon
B. Traven
Disney pasatiempos
Mad Science
Abracadabra
Biografías para niños
Clásicos juveniles

Tradiciones de México
Tipografía: *Fernando Soto Vidal*
Negativos de portada: *Tintas Siul*
Negativos de interiores: *Daniel Bañuelos*
Impresión de portada: *Editores Impresores Fernández S.A. de C.V.*
Esta edición se imprimió en junio de 2004,
en *Editores Impresores Fernández S.A. de C.V.*
Retorno 7-D Sur 20 No. 23 México, D.F. 08500

SU OPINIÓN CUENTA

Nombre ....

Dirección ....

Calle y número ....

Teléfono ....

Correo electrónico ....

Colonia .... Delegación ....

C.P .... Ciudad/Municipio ....

Estado .... País ....

Ocupación .... Edad ....

Lugar de compra ....

Temas de interés:

- ☐ *Negocios*
- ☐ *Superación personal*
- ☐ *Motivación*
- ☐ *New Age*
- ☐ *Esoterismo*
- ☐ *Salud*
- ☐ *Belleza*
- ☐ *Familia*
- ☐ *Psicología infantil*
- ☐ *Pareja*
- ☐ *Cocina*
- ☐ *Literatura infantil*
- ☐ *Literatura juvenil*
- ☐ *Cuento*
- ☐ *Novela*
- ☐ *Ciencia para niños*
- ☐ *Didáctica*
- ☐ *Juegos y acertijos*
- ☐ *Manualidades*
- ☐ *Humorismo*
- ☐ *Interés general*
- ☐ *Otros*

¿Cómo se enteró de la existencia del libro?

- ☐ *Punto de venta*
- ☐ *Recomendación*
- ☐ *Periódico*
- ☐ *Revista*
- ☐ *Radio*
- ☐ *Televisión*

Otros ....

Sugerencias ....

El refranero mexicano